EL LIBRO DE LAS
ARENAS
MOVEDIZAS

*El editor quisiera agradecer a
Saebyul Choe y Thomas Trombone, del
American Museum of Natural History*

The Library of Congress has cataloged the prior edition as follows:
Library of Congress Cataloging-in-Publication Data
De Paola, Tomie
[the quicksand book.   Spanish]
El libro de las arenas movedizas / Tomie de Paola : traducido por Teresa Mlawer.
p. cm.
Summary: Discusses the composition of quicksand and rescue procedures.
ISBN 0-8234-1056-9. – ISBN 0-8234-1057-9 (pbk).
1. Quicksand—Juvenile literature. [1. Quicksand. 2. Spanish
Language materials.] I. Title
QE471.2.D4618 1993 93-18317 CIP AC
552'.5—dc20
ISBN: 978-0-8234-4722-0 (second edition hardcover)
ISBN: 978-0-8234-5212-5 (second edition paperback)

Tomie dePaola

EL LIBRO DE LAS ARENAS MOVEDIZAS

Holiday House ● New York

Para "Stevem"
y su abuelita

2

Pues no te preocupes. Tienes suerte, porque yo sé mucho sobre las arenas movedizas. Así que fíjate y pon atención. Será muy interesante y quizá aprendas algo.

Primero que nada, la arena movediza no es una arena especial. Es arena normal. Pero cuando el agua se abre paso a través de la arena hacia la superficie, los granos de arena se separan y se expanden. Cuando esto sucede, la arena pierde su consistencia firme y no puede sostener una carga pesada. Y esa es la razón por la cual te estás hundiendo.

Eso no es verdad. La arena movediza no puede hundirte. ¡Eso solo pasa en las películas! Es el peso de tu cuerpo lo que hace que te hundas. Y si te resistes y te mueves, te hundirás con mayor rapidez. Así que cálmate, por favor.

Si te desesperas, remueves la arena y te hundes más rápido. He observado que la mayoría de las personas que mantienen la calma solo se llegan a hundir hasta el cuello. Si hubieras caído de espaldas podrías haber flotado, igual que en el Gran Lago Salado o en el Mar Muerto. Pero ya es un poco tarde para eso.

AGUA NORMAL

ES MÁS FÁCIL HUNDIRSE

AGUA CON MUCHA SAL

AGUA CON MUCHA ARENA

ES MÁS FÁCIL FLOTAR PORQUE TANTO LA SAL COMO LA ARENA AYUDAN A SOSTENERNOS.

¿Sabes dónde hay arenas movedizas? ¿No? Pues te lo diré. Las arenas movedizas más comunes se encuentran cerca de las costas y en los lechos de ríos lentos o en arroyos que tienen manantiales debajo de la tierra, como donde estás tú.

LAS ARENAS MOVEDIZAS SE FORMAN A LO LARGO DE LAS COSTAS O DEBAJO DEL AGUA, CERCA DE LA RIBERA.

AGUA

MANANTIALES →   ARENA MOVEDIZA   ← MANANTIALES →

ROCA

LAS ARENAS MOVEDIZAS TAMBIÉN SUELEN FORMARSE EN MEDIO DE UN RÍO.

EL SOL SECA UNA CAPA DELGADA DE ARENA.

ROCA   ARENA MOVEDIZA   AGUA

MANANTIALES

LAS ARENAS MOVEDIZAS SE PUEDEN FORMAR EN EL LECHO DE UN RÍO QUE PARECE SECO.

AQUÍ TAMBIÉN HAY UNA CAPA DELGADA ↓

ROCA   ARENA MOVEDIZA

MANANTIAL

13

Enseguida. Solo quiero que veas lo que les sucede a los animales, si acaso caen en las arenas movedizas.

LOS CABALLOS POR LO GENERAL SALEN CON FACILIDAD, DANDO PEQUEÑOS SALTITOS COMO LOS CONEJOS.

LAS MULAS SE ACUESTAN SOBRE SU BARRIGA, CON LAS PATAS DELANTERAS DOBLADAS. EN ESTA POSICIÓN NO SE HUNDEN.

LAS VACAS NECESITAN AYUDA PORQUE SE ASUSTAN Y SE HUNDEN RÁPIDAMENTE.

Si hubieras sabido cómo reconocer las arenas movedizas, no habrías quedado atrapada. Deberías haber llevado una vara o un palo largo para tantear primero el suelo. La arena habría hecho olas cuando la tocaras con la vara.

¡Pero la liana con la que me estaba columpiando se rompió!

¡Niño de la selva!
La arena me llega hasta los hombros.
¡Por favor, ayúdame!

Si hubieras llevado un palo o una vara, tú sola habrías podido salir fácilmente siguiendo estas instrucciones: lee el esquema con cuidado. Estos datos pueden ser de mucha utilidad si estás sola... y, desde luego, si llevas un palo.

18

1. PIDE AYUDA.

2. TÚMBATE SOBRE LA ESPALDA.

3. COLOCA EL PALO DEBAJO DE TUS HOMBROS CON LOS BRAZOS EXTENDIDOS A AMBOS LADOS.

4. EMPUJA EL PALO HASTA TU CADERA.

5. ALZA LENTAMENTE UNA PIERNA PRIMERO Y LUEGO LA OTRA.

6. NO TE AGOTES. TOMA UN PEQUEÑO DESCANSO ENTRE CADA MOVIMIENTO.

7. UTILIZA EL PALO PARA MANTENERTE "FLOTANDO" EN LA ARENA MOVEDIZA.

8. RUEDA POCO A POCO HASTA ALCANZAR TIERRA FIRME.

9. DESCANSA.

Pero, como te dije, niña de la selva, hoy es tu día de suerte. Aquí estoy para ayudarte. Podría estirarme a lo largo de ese tronco y sacarte con mis propios brazos, pero eso es mucho trabajo. Voy a utilizar una liana resistente. Pasa la liana debajo de tus brazos y sostente con fuerza.

De nada. ¡La próxima vez ten más cuidado
y mira por dónde te columpias!

¡Vamos! ¡Vamos! ¡Recuerda lo que me enseñaste! No te pongas nervioso. Descansa sobre tu espalda y flota. Te sacaré en cuanto termine mi té.

CÓMO HACER TU PROPIA ARENA MOVEDIZA

1. HAZ UN AGUJERO EN EL FONDO DE UN CUBO.

2. INSERTA UNA MANGUERA POR EL AGUJERO Y ASEGÚRATE DE QUE NO TENGA FUGAS.

3. LLENA 3/4 PARTES DEL CUBO CON ARENA.

4. COLOCA UN OBJETO PESADO SOBRE LA ARENA. NO SE MOVERÁ.

5. ABRE EL GRIFO CONECTADO A LA MANGUERA PARA QUE PUEDA ENTRAR EL AGUA POCO A POCO EN LA ARENA. LAS PARTÍCULAS DE ARENA SE SEPARARÁN Y ESTA SE EXPANDIRÁ. CUANDO HAYA SUFICIENTE AGUA PARA QUE LA ARENA SE VUELVA "MOVEDIZA", EL OBJETO SE HUNDIRÁ.

6. CIERRA LA LLAVE DEL AGUA. LA ARENA SE ASENTARÁ Y EL AGUA QUEDARÁ ARRIBA. AHORA LA ARENA PODRÁ SOSTENER CUALQUIER PESO. ESTO SE DEBE A QUE EL AGUA SE FILTRÓ HACIA ARRIBA Y YA NO HAY TANTA ABAJO PARA SEPARAR LOS GRANOS DE ARENA.